Die schönsten
Erstlesegeschichten
mit der kleinen Prinzessin
und dem blauen Pferd

Mein
LeseBilderbuch

Liebe Eltern,

jedes Kind ist anders. Eines kennt bereits alle Buchstaben in der
Vorschule und kann sie zu Wörtern formen. Ein anderes lernt
das Abc beim Eintritt in die Schule. Für das spätere Leseverhalten
ist das völlig unerheblich. Wichtig aber ist der Spaß am Lesen –
und zwar von Anfang an. Darum muss sich die konzeptionelle
Entwicklung von Lesetexten an den unterschiedlichen
Lernentwicklungen der Kinder orientieren.
Unser Bücherbär-Erstleseprogramm umfasst deshalb verschiedene
Reihen für die Vorschule und die ersten beiden Schulklassen. Sie
bauen aufeinander auf und holen die Kinder dort ab, wo sie sind.

Die Bücherbär-Reihe *Mein LeseBilderbuch* richtet sich schon an
Kinder im Vorschulalter. Die Namenwörter werden durch Bilder
ersetzt, was auch leseunkundigen Kindern das „Mitlesen"
ermöglicht und sie neugierig macht. Leserätsel am Ende
des Buches machen Spaß und regen zum Gespräch
über die Geschichte an. Denn Kinder, die viel Gelegenheit
zum Sprechen haben, lernen auch schneller lesen.

In Zusammenarbeit mit
westermann

Julia Böhme

Die schönsten Erstlesegeschichten mit der kleinen Prinzessin und dem blauen Pferd

Mit Bildern von Katharina Wieker

FSC
www.fsc.org

MIX
Papier aus verantwor-
tungsvollen Quellen
FSC® C110508

1. Auflage 2014
© Arena Verlag GmbH, Würzburg 2014
Alle Rechte vorbehalten
Einband: Katharina Wieker
Gesamtherstellung: Westermann Druck Zwickau GmbH
ISBN 978-3-401-70680-1

www.arena-verlag.de

Inhalt

Die kleine Prinzessin und das blaue Pferd

Die kleine Prinzessin Filippina

wohnt mit ihrem alten Diener

in ihrem kunterbunten  .

Lachend rennt sie durch den  .

Sie singt und tanzt für die

und klettert auf die hohen  .

Ihre  blühen wunderschön,

und an den  wachsen

goldene  .

Am liebsten aber läuft

durch ihr großes

und schaut sich die  an.

Es sind so viele, dass  längst

noch nicht alle  gesehen hat.

Nur der alte  kennt alle

und erzählt ihr von klitzekleinen ,

singenden , wütenden

und verzauberten .

 hört gut zu. Wie gerne würde sie

auch in die  ziehen,

um das alles selbst zu sehen!

Wieder einmal schaut sich

 ihre vielen  an.

Da entdeckt sie eins mit einem  .

Plötzlich pocht ihr  aufgeregt.

„Ob es das  wirklich gibt?",

überlegt  .

„Aber ja!", nickt der alte  .

„Es lebte sogar einst in unserem  .

Blau ist es wie das weite  .

Auf der  hat es einen goldenen  .

Mit seinen goldenen

rennt es schneller als der  .

Und noch etwas kann es."

Der alte  flüstert fast. „Es kann fliegen!"

15

„Ehrlich?"  macht große    .

„Und jetzt wohnt das

nicht mehr in unserem  ?",

fragt sie traurig.

Der alte  schüttelt den  .

„Nein, die Hexe Maldita

hat das  entführt

und zu ihrem  geschleppt.

Doch als sie auf ihm reiten wollte,

hat das  sie abgeworfen.

Immer und immer wieder.

Da hat die  das

einfach zu  verwandelt."

Der alte  seufzt.

„Nur wenn der  scheint,

wird das  kurz lebendig.

Doch morgens, wenn die

aufgeht, erstarrt es wieder zu  ."

„Wie furchtbar", ruft  .

Der alte  nickt. „Bis jetzt

hat sich noch keiner getraut,

das  zu erlösen."

„Kann man es denn erlösen?", fragt  .

„Ich denke schon", sagt der  .

Da weiß  auf einmal,

was sie zu tun hat.

„Ich werde das  befreien",

sagt sie mutig.

„ ist gefährlich", warnt der  .

„Egal", sagt  . „Ich gehe!"

Der alte  hat

in den  , doch er lächelt.

„Nimm ein paar goldene  mit",

sagt er und winkt ihr lange nach.

Der zur  ist weit.

Wie gut, dass  ihre festen   trägt.

Mit ihren feinen  wäre sie wohl nie

über die steilen 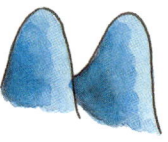 gekommen!

Schließlich kommt

zu einem großen dunklen  .

 schaut sich um. Merkwürdig!

Ganz still ist es hier im  .

Es gibt weder  noch

noch  noch  .

Nicht mal eine  ist zu sehen.

Nur  gibt es.

Ganz viele  , große und kleine.

Mitten im  steht das  .

Daneben ist ein großes  aus  .

Es ist das  !

 streichelt es sanft

über die harte, kalte  .

 rast aus dem  .

„Was willst du hier?", ruft sie.

„Ich möchte das  befreien",

antwortet  tapfer.

 lacht, dass ihre gelben  wackeln.

„So einfach geht das nicht. Bring mir zuerst

einen goldenen  !", sagt sie.

„Nichts leichter als das!"

 zieht einen goldenen

aus ihrem  .

„Was?", ruft die  .

Die  auf ihrer langen

wird ganz grün. Doch das

rührt sich kein bisschen.

„Hex es frei!", ruft  .

„Nein! Vorher musst du mich

zum Weinen bringen!"

 grinst hämisch.

So eine fiese  !

 schluckt.

Was kann sie schon machen?

Sie muss die  zum Weinen bringen.

Nur wie?

 überlegt angestrengt.

Der  hat ihr doch so viel erzählt.

Und so erzählt sie von der armen ,

deren  zerbrach,

sodass sie nie wieder hexen konnte.

„Wie grässlich!", schluchzt die  .

Zwei dicke

kullern ihre  entlang.

Dabei weinen  sonst gar nicht.

Wie hat  das nur geschafft?

Zornig wischt die

die 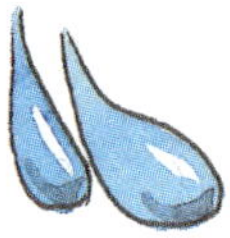  weg. „Na gut.

Zweimal hast du gewonnen.

Aber das reicht nicht.

Erst wenn du mir einen ⭐

vom  holst,

ist das 🦄 erlöst!"

 kichert böse.

„Schaffst du es aber nicht,

verwandele ich dich auch

in einen  !"

Nachts als der  scheint

und die ersten  aufblitzen,

geht  in den  hinaus.

Einen  vom  holen!

Wie soll sie das nur schaffen?

Vielleicht kann sie

auf einen  klettern?

Doch welcher  wächst schon

bis zum  ?

 kommen die  .

Sie will nicht zu ⬭ verwandelt werden!

Plötzlich stupst sie jemand an.

Das  steht hinter ihr.

Nachts wird es ja lebendig.

„Steig auf!", wiehert das  .

„Zusammen schaffen wir es!"

 springt auf und hält sich gut fest.

Schon fliegen sie los.

Sie fliegen über die  .

Immer höher und höher.

Am  vorbei, bis zu den  .

„Halt!", ruft  .

Sie beugt sich hinunter

und pflückt einen kleinen  .

So wie man eine  pflückt.

Dann schwebt das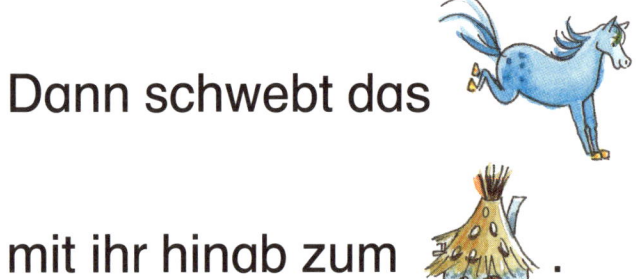

mit ihr hinab zum .

 springt ab und klopft an die  .

 stolpert im  heraus.

„Warum weckst du mich?", schreit sie.

Wild schwenkt sie ihren  .

„Du willst wohl gleich

zu  verzaubert werden!"

„Nein", sagt  .

„Ich möchte dir nur etwas geben."

Sie hält der  den  entgegen.

Da knackt es auf einmal laut.

„NEIN!", schreit die  .

Ihr  ist zerbrochen.

„Jetzt kann ich nicht mehr hexen!",

heult die  . „Nie, nie wieder!"

Auf einmal wimmelt der

von

und  .

Sie waren alle von der  zu

verzaubert worden.  hat sie befreit.

Das  wiehert ausgelassen.

Es ist für immer erlöst!

Glücklich singt  und tanzt.

Und alle tanzen mit.

 kann ihnen nichts mehr anhaben!

„Willst du mit mir kommen?", fragt

das   .

„Nichts lieber als das!", ruft es.

„Und wir?", fragen die  .

„Wir wollen auch mit!", rufen die  .

„Ja, unbedingt!" Die

hüpfen aufgeregt auf und ab.

„Klar! Kommt doch alle mit!", ruft  .

43

Und so ziehen sie alle zusammen

zum kunterbunten  zurück.

„Hurra!", ruft der alte  ausgelassen,

als er seine  wiedersieht.

Wie freut er sich über das  ,

die bunten  , die freundlichen  ,

die frechen  , die furchtlosen

und die tollkühn turnenden  .

 schaut sich immer noch

gerne ihre vielen  an.

Noch lieber aber klettert sie

mit den

auf die  , tanzt mit den

und singt mit den  .

Am allerliebsten aber reitet

auf dem

und fliegt mit ihm hoch bis zu den  .

Die Wörter zu den Bildern:

Prinzessin Filippina

Apfel

Bilder

Diener

Könige

Schloss

Walrösser

Garten

Hexe

Blume

Meerjungfrauen

Baum

Welt

Augen

blaues Pferd

Kopf

Herz

Hexe Maldita

Wald

Hexenhaus

Meer

Stein

Stirn

Mond

Stern

Sonne

Hufe

Tränen

Blitz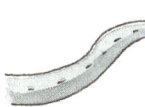

Weg

Stiefel

Mähne

Schuhe

Zähne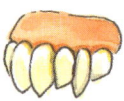

Berge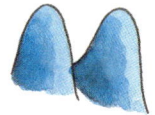

Rucksack

Vögel

Warze

Hasen

Nase

Rehe

Zauberstab

Eichhörnchen

Himmel

Tür

Ameise

Nachthemd

Füchse

Schmetterlinge

Die kleine Prinzessin und das blaue Pferd im Drachenland

Prinzessin Filippina  wohnt in

einem kunterbunten  .

Ihr alter Diener  passt

auf sie auf – und sie auf ihn.

Im großen  tummeln sich

 ,  ,  ,

und freundliche  .

 flattern überall.

Und dann hat  noch ein  .

Aber es ist nicht irgendein  !

Es ist blau wie das  , und

auf der  hat es einen goldenen .

Und es kann fliegen bis hoch zu den  .

Sooft es geht, reitet  mit ihrem

 los, um die  zu entdecken.

Was sie da nicht alles erlebt!

Wieder einmal steigt  auf ihr  .

„Passt gut auf euch auf!", ruft der alte  .

Er weiß, wie unerschrocken die beiden sind.

Aber da fliegt  schon

auf ihrem mutigen

zwischen den  entlang.

Mittags halten sie in einer  ,

in der sie noch nie gewesen sind.

Langsam traben sie durch die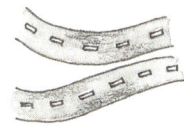

hinauf zum großen  .

„Merkwürdig", murmelt ,

„alle sehen so traurig aus."

Nicht einmal die   lachen.

Und am   hängen schwarze .

 steigt ab und geht hinein.

Drinnen im  weint jemand.

Es sind die  und der  .

„Was ist passiert?", fragt  bestürzt.

„Der  hat unseren

geschnappt und ist mit ihm davongeflogen."

Der   schnieft in sein seidenes  .

„Der  will ihn fressen!"

„Wie schrecklich!", ruft  .

„Kann man ihn denn nicht befreien?",

fragt  bestürzt.

Der  schüttelt den  .

„Meine  sind gleich ausgezogen.

Doch um zum  zu gelangen,

muss man über hohe  aus  .

Und über einen  , in dem kein

 fließt, sondern loderndes  .

Keiner der  kam da hinüber!"

„Man müsste fliegen können

wie der  ", seufzt die  .

„Aber wer kann das schon?"

„Wir können fliegen!", ruft  .

„Und wir werden den  retten!"

Das  wiehert abenteuerlustig.

Der  und die

reiben sich verwundert die 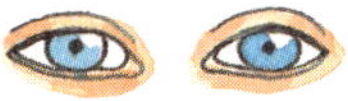  ,

als  zum hinausfliegt.

Erst fliegen sie über  und  .

Dann kommen riesige  .

Und dort, wo diese am höchsten sind,

sind noch einmal  aus  .

Sie sind so glatt und glänzend,

dass sich  darin

wie in einem  sehen kann.

Zu 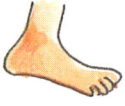 kann keiner darüberkommen.

So viel ist sicher!

Hinter den  raucht und flimmert es.

 schluckt.

Das ist der  aus  !

Die  schlagen hoch bis zum  .

Ist das heiß!  zieht ihre 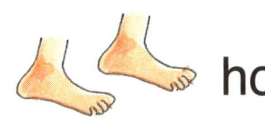 hoch,

damit die  kein  fangen.

„Höher, höher", ruft  ,

„sonst verbrennen wir!"

Das  fliegt, so hoch es kann.

Hustend und rußgeschwärzt

kommen sie am anderen  an.

„Das war knapp", keucht  .

„Allerdings!", schnaubt das  atemlos.

Staunend schaut sich  um.

Bunte  blühen überall.

An  wachsen  und  .

„Ist es hier schön!", flüstert  .

„Kaum zu glauben,

dass hier ein  wohnt!"

Doch die großen  im

können nur von einem  stammen.

Vorsichtig folgen  und das

den  . Ganz leise, damit

der  sie nicht hört!

So kommen sie zu einer dunklen  .

Ob dort der  wohnt?

 atmet tief ein und guckt vorsichtig

in die große  .

Drinnen im   liegt der

und schnarcht so laut,

dass die  im  wackeln.

Vom  ist nichts zu sehen.

Keine  !

 schluckt. Sie sind zu spät!

Sicher hat der  den

schon längst gefressen!

„Los, wir fliegen zurück", seufzt  .

Sie will gerade aufs  steigen,

als es leise ruft: „Hallo, hier bin ich!"

 schaut sich um.

Da entdeckt sie einen 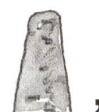,

schmal und glatt wie eine  und

höher als alle  und  ringsum.

Und auf dem  steht der

und winkt ihnen zu.

Beinahe hätte  laut gelacht,

so froh ist sie. Doch sie schlägt sich

schnell die  vor den .

Psst! Nur den  nicht wecken!

Mit dem  fliegt

auf den  hinauf zum  .

Ein  steht dort, ein  und

ein  . Und auf dem  steht

alles voll mit lauter  und  .

Darin sind  ,  , 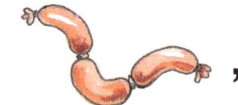 ,

 ,  und vieles mehr.

„Der  ist ja nett zu dir!", staunt  .

Doch der  schüttelt den  :

„Der  will mich nur mästen,

damit ich dick und kugelrund werde.

Dann schmecke ich ihm noch besser!"

„Dann los, nichts wie weg!

Komm, steig auf!", ruft . Das

stibitzt schnell noch etwas  .

„Das bringt doch nichts! Der  wird

uns verfolgen!", jammert der  .

„Fliegt lieber ohne mich!"

„Kommt gar nicht in die  !", ruft  .

Sie überlegt. „Und was wäre,

wenn der  nicht mehr fliegen kann?"

Der  strahlt: „Dann kommt der

nie mehr über den  aus  ,

und alle wären für immer vor ihm sicher."

„Habt ihr ein  ?", fragt der  .

„Ich schlage dem  die   ab."

„Die   wachsen doch nach!",

schnaubt das  ungeduldig.

„Aber ich weiß, wann ein  nicht

mehr fliegen kann", wiehert das  .

„Man muss ihn kitzeln!

Wenn man  kitzelt, lachen sie.

Und sobald  lachen,

können sie nicht mehr fliegen. Nie wieder."

„Worauf warten wir?", ruft  .

Sie reicht dem  ihre

und zieht ihn aufs  .

Der  schläft und schnarcht

immer noch in seiner  .

„Wir haben echt  ", kichert  leise.

„Sonst ist es nicht so einfach,

einen  zu kitzeln!"

Sie schleichen zum großen  .

 , das  und der

stürzen sich auf den schlafenden

und kitzeln ihn am  ,

in der  und an den 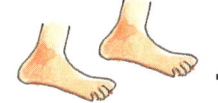 .

„Hi, haha, hohoho!", lacht der  .

„Aufhören, sofort aufhören!"

Seine   blitzen gefährlich.

„Ihr verfluchten   ! Ich fresse euch!",

brüllt der  wütend.

Blitzschnell springen  und

der  auf den  des  ,

und schon fliegen sie los.

Der  fletscht seine

und breitet seine riesigen  aus.

Er will fliegen, doch er kommt nicht hoch.

„WooOAAH!", brüllt er und speit  .

Doch dafür ist es zu spät:

Die drei fliegen schon hoch am  .

Von oben winkt  dem

noch einmal zu. „Reg dich nicht so auf!

Du hast doch noch genug zu essen da.

Wie wär's mit  oder ein paar 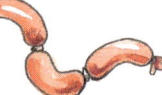 ?"

„Oder  ?", wiehert das  .

Es hätte nämlich gerne noch

etwas mehr davon genascht.

Dann fliegen sie über das  und

zurück zum  des  .

Jetzt ist im  niemand mehr traurig.

Alle jubeln und lachen:

„Hurra, der  ist wieder da

und der  für immer besiegt!"

Die   lacht und der  strahlt.

„Du hast unseren  gerettet", jubelt er.

„Wenn du willst, darfst du ihn gleich heiraten."

 wird rot. Sie mag den   .

Aber heiraten – jetzt gleich?

„Und später?", fragt der  schnell.

 nickt mit dem

und lacht. „Ja, später vielleicht!"

Gefeiert wird aber trotzdem.

Der  und  tanzen, bis der

und die  am  verblassen.

Und das  bekommt  ,

und  , so viel es will.

Die Wörter zu den Bildern:

Prinzessin Filippina    Schmetterlinge

Schloss    Pferd

Diener   Meer

Garten    Stirn

Hasen    Stern

Rehe    blaues Pferd

Eichhörnchen    Welt

Füchse    Wolken

Stadt

Straßen

Kinder

Fahnen

Königin

König

Drache

Prinz

Taschentuch

Kopf

Ritter

Berge

Eis

Fluss

Wasser

Feuer

Augen

Fenster

Wiesen

Wälder

Spiegel

Spuren

Fuß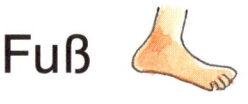

Sand

Flammen

Höhle

Himmel

Bett

Schuhe

Tassen

Ufer

Schrank

Blumen

Felsen

Palmen

Säule

Kokosnüsse

Bäume

Bananen

Hand

96

Mund		Tüte	
Stuhl		Schwert	
Tisch		Flügel	
Teller		Schwein	
Schüsseln		Bauch	
Hähnchen		Nase	
Schokolade		Mistkäfer	
Würstchen		Rücken	
Kuchen		Zähne	
Gummibärchen		Mond	

Die kleine Prinzessin und das blaue Pferd im Land der Riesen

Die kleine Prinzessin Filippina

wohnt mit ihrem alten Diener

in einem kunterbunten   .

In ihrem  spielen

und  mit freundlichen  .

Bunte   blühen überall.

Und an den  wachsen

 aus purem  .

Mit den goldenen  kann man

alles kaufen, was man will.

„Aber  kann man

nicht damit backen", seufzt der  .

„Dann kaufe ich  in der  ",

sagt  sofort und steigt auf ihr  .

Ihr  ist anders als alle anderen  .

Blau ist es wie das  ,

es hat goldene  ,

und es kann fliegen!

Rabenschwarze  ziehen auf.

„Bleibt lieber hier!", warnt der alte  .

„Ein bisschen 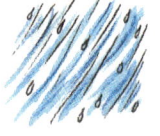 macht uns

doch nichts aus!", lacht  .

Und schon fliegt das  los.

Seine blaue  weht wild im  .

Doch die dunklen

bringen nicht nur 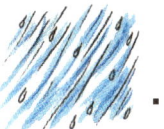 .

Tausende  zucken.

„Oh nein!", ruft  erschrocken.

Ein riesiger  rast heran.

Ehe sich  und das  versehen,

packt sie der ,

wirbelt sie wild im  herum

und trägt sie weit, weit fort.

Endlich purzeln

und das  auf die  .

„Au!“  reibt sich den 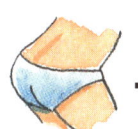 .

Erstaunt schaut sich  um:

Die hohen  sehen ja aus

wie riesige bunte  !

 macht große

und wundert sich.

Wo gibt es denn so etwas?

Plötzlich stellt das

die  auf.

Da raschelt doch was!

Eine   schießt

zwischen den  hervor.

Sie ist so groß wie ein  !

Entsetzt weicht  zurück.

„Schnell, steig auf!", drängt das  .

Die   faucht und schnappt zu.

Daneben!

Puh! 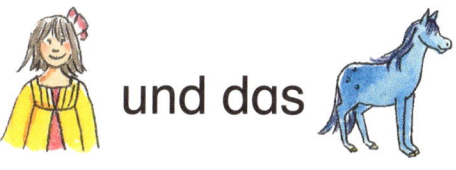 gehabt!

 und das 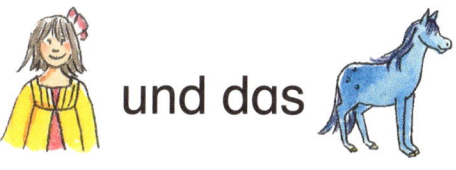 konnten gerade noch entwischen.

Sie fliegen zwischen

den riesigen  herum,

als plötzlich die  bebt.

Das  von  wummert

wie ein .

Denn da kommt ein  !

Ein  , hoch wie ein  !

So schnell es kann,

fliegt das  davon.

Doch der   hat sie schon entdeckt.

Mit seinen riesigen

stapft er ihnen hinterher

und fängt sie – wupps –

einfach so mit der bloßen 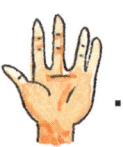.

Der  glotzt sie neugierig an.

„Hoho! Was sind das denn

für komische  ?", grölt er.

„Die nehme ich mit!"

Der  bringt  und das

in seine alte graue  .

Dort sperrt der  die beiden

in einen leeren  ein

und holt ein  .

Das  ist groß und scharf.

 schluckt.

Oje, jetzt ist ihr klar,

was der  mit ihnen vorhat:

Er will sie fressen!

 rüttelt am  .

„Bitte, bitte, friss uns nicht!"

Der  macht große    .

„Ich euch essen? Schmeckt ihr denn?"

Zack, schneidet er einen  klein.

Eine 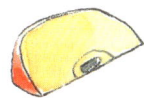 steckt er durch das  .

„Hier, für euch!"

„Danke", murmelt  verwirrt.

Da klingelt es.

Der  läuft zur  .

Kurz darauf kommt der   zurück.

In der 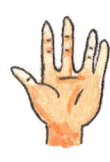 schwenkt er einen  .

„Hurra!", johlt er und tanzt.

„Ich hab noch nie einen  bekommen!"

Er reißt den  auf.

Der  stutzt.

Ratlos dreht er den  in den 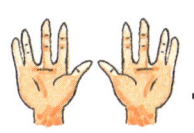 .

„Ich kann doch nicht lesen",

murmelt er traurig.

„Ich kann lesen!", ruft  .

Der  lacht.

„Papperlapapp, du bist doch viel zu klein!"

„Von wegen!", ruft  empört.

Der  hält den  an den  .

 kichert leise:

Der  hält ihn verkehrt herum.

Als  den  vorliest,

kriegt der  ganz strahlende .

„Die  mag mich!",

lacht er und hüpft auf und ab.

Doch schon seufzt er wieder.

„Ich kann auch nicht schreiben!"

„Dann schreib ich einen  für dich",

sagt . „Aber dafür lässt du uns frei!"

Der  öffnet sofort den .

Dann sucht er 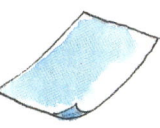 und einen 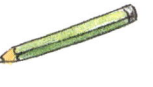 .

Der  ist groß wie ein  .

 kann ihn kaum halten.

So dauert es, bis der  fertig ist.

Der   steckt den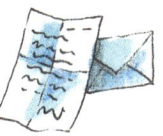

gleich bei der  in den .

Dann kauft er einen großen

und ein paar  für die .

Pünktlich um 3  ist die   da.

„Wie wunderbar", jubelt der

und macht ganz schnell die  auf.

„Komm rein, liebste  !",

ruft er aufgeregt.

Die  wird ganz rot.

„Aber gerne, liebster ", lispelt sie.

Der  reicht ihr die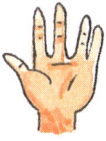

und führt die  zum  .

 und das  sind auch eingeladen.

Sie sitzen auf dem ,

nippen von der heißen

und erzählen, wie sie losgeflogen sind,

um  zu kaufen.

Und wie der

sie hiergeweht hat.

„Ach, ihr braucht ?",

fragt der  freundlich.

Schnell flitzt er in den

und pflückt  und  .

Doch die  sind viel zu schwer!

Nur zwei

kann  gerade so tragen.

„Danke! Das gibt einen tollen  ",

freut sich  . Dann seufzt sie jedoch:

„Nur, wie kommen wir zurück?"

„Ich weiß, wie!", lacht die  .

„Wir pusten einfach."

Sie gehen in den   .

Vorsichtig setzt der

 und das

auf seine flache 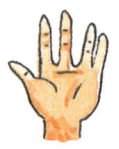 .

„Macht's gut!", sagt er noch.

Er und die  pusten, so doll es geht.

Ein wahrer  packt die beiden,

wirbelt sie im  herum

und trägt sie weit, weit fort!

Sie landen gar nicht weit

vom kunterbunten  .

„Da seid ihr ja endlich",

ruft der alte  erleichtert.

Und auch die  ,

und  laufen freudig herbei.

„  haben wir nicht, aber  !",

lacht  . Der alte  staunt

über die riesigen  und bäckt

den besten  der  .

Bei  und  erzählt ,

wie der  sie fortgewirbelt hat.

Sie berichtet von  , groß wie ,

von der riesigen

und von den verliebten  ,

die sie zurückgepustet haben.

Der alte  schüttelt den   .

Wären da nicht die riesengroßen  ,

er hätte  fast nicht geglaubt.

Die Wörter zu den Bildern:

Prinzessin Filippina

Bäume

Apfel

Diener

Gold

Schloss

Apfelkuchen

Garten

Stadt

Rehe

Pferd

Hasen

Meer

Füchse

Hufe

Blumen

Wolken

Regen

blaues Pferd

Mähne

Wind

Blitze

Wirbelsturm

Kreis

Erde

Po

Augen

Ohren

Eidechse

Krokodil

Schwein

Herz

Presslufthammer

Riese

Turm

Stiefel

Hand

Riesin

Vögel

Papier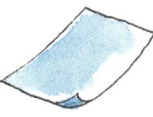

Burg

Bleistift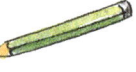

Käfig

Baumstamm

Messer

Briefkasten

Gitter

Kuchen

Apfelscheibe

Uhr

Tür

Tisch

Brief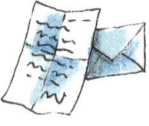

Schokolade

Umschlag

Kirschen

Kirschkuchen

Welt

Kaffee

Kopf

**Mein
LeseBilderbuch**

**Die kleine Elfe und das
Vollmondfest**
978-3-401-70021-2

**Hanna und Julian sind jetzt
Schulkinder**
978-3-401-70135-6

Kleiner Indianer, großer Mut
978-3-401-70019-9

**Erdbeerinchen Erdbeerfee
Ein geheimnisvolles
Geschenk**
978-3-401-70403-6

Jeder Band: Ab 5 Jahren • Mein LeseBilderbuch • Durchgehend farbig illustriert
56 Seiten • Gebunden • Format 17,5 x 24,6 cm

Mit Bücherbärfigur
am Lesebändchen
und Stickerbogen

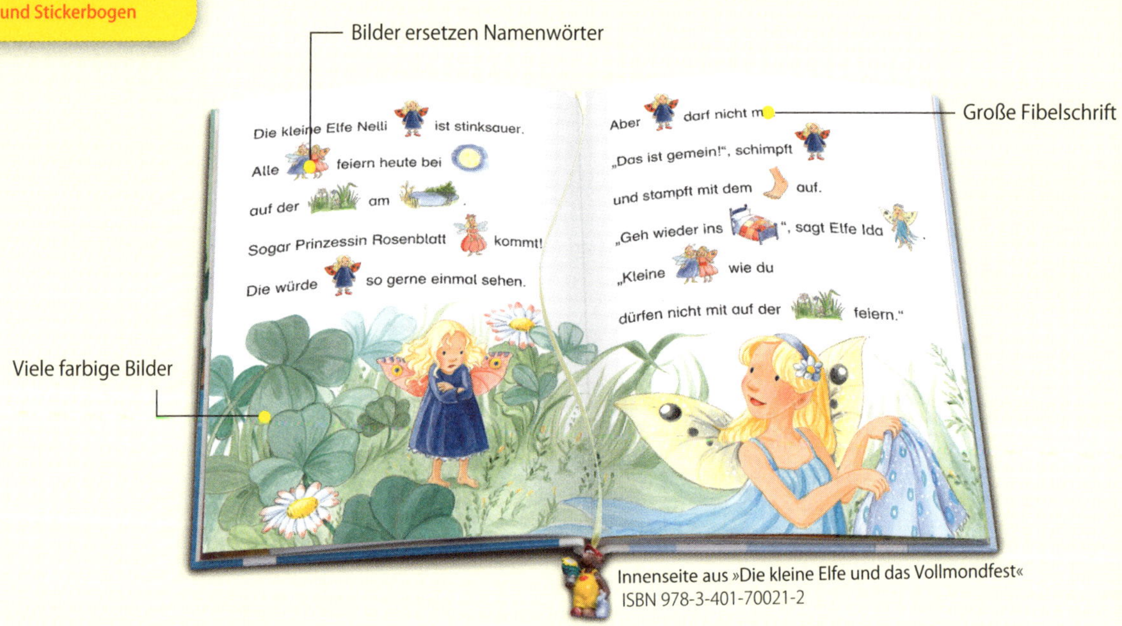

Bilder ersetzen Namenwörter

Große Fibelschrift

Die kleine Elfe Nelli ist stinksauer.

Alle feiern heute bei

auf der am .

Sogar Prinzessin Rosenblatt kommt!

Die würde so gerne einmal sehen.

Aber darf nicht m

„Das ist gemein!", schimpft

und stampft mit dem auf.

„Geh wieder ins ", sagt Elfe Ida

„Kleine wie du

dürfen nicht mit auf der feiern."

Viele farbige Bilder

Innenseite aus »Die kleine Elfe und das Vollmondfest«
ISBN 978-3-401-70021-2

Mit Bildern ganz spielerisch lesen lernen! In spannenden Geschichten um eine
liebenswerte Figur können schon Kindergarten- und Vorschulkinder von Bild zu Bild
mitlesen. So prägen sich Wörter leicht ein und das Lesenlernen macht Spaß!

In Zusammenarbeit